BEI GRIN MACHT SICH I
WISSEN BEZAHLT

- Wir veröffentlichen Ihre Hausarbeit,
  Bachelor- und Masterarbeit

- Ihr eigenes eBook und Buch -
  weltweit in allen wichtigen Shops

- Verdienen Sie an jedem Verkauf

Jetzt bei www.GRIN.com hochladen
und kostenlos publizieren

Bibliografische Information der Deutschen Nationalbibliothek:

Die Deutsche Bibliothek verzeichnet diese Publikation in der Deutschen National-
bibliografie; detaillierte bibliografische Daten sind im Internet über http://dnb.d-
nb.de/ abrufbar.

Impressum:

Copyright © 2009 GRIN Verlag, Open Publishing GmbH
Druck und Bindung: Books on Demand GmbH, Norderstedt Germany
ISBN: 9783640504008

Dieses Buch bei GRIN:

http://www.grin.com/de/e-book/138345/die-krankenhausfinanzierung

Melanie Reinhardt

Die Krankenhausfinanzierung

GRIN Verlag

GRIN - Your knowledge has value

Der GRIN Verlag publiziert seit 1998 wissenschaftliche Arbeiten von Studenten, Hochschullehrern und anderen Akademikern als eBook und gedrucktes Buch. Die Verlagswebsite www.grin.com ist die ideale Plattform zur Veröffentlichung von Hausarbeiten, Abschlussarbeiten, wissenschaftlichen Aufsätzen, Dissertationen und Fachbüchern.

Besuchen Sie uns im Internet:

http://www.grin.com/

http://www.facebook.com/grincom

http://www.twitter.com/grin_com

Thema Nr. 5

Die Krankenhausfinanzierung

Referat im Rahmen des Hauptseminars
„Krankenhausplanung und – steuerung"

Lehrstuhl für Ökonomik und Management sozialer Dienstleistungen
Institut für Haushalts- und Konsumökonomik
Universität Hohenheim
Stuttgart

von
stud. oec.
Studienrichtung: Wirtschaftswissenschaften mit
sozialökonomischem Profil, 6. Fachsemester

12. Mai 2009

Inhaltsverzeichnis

Abbildungsverzeichnis

Tabellenverzeichnis

Abkürzungsverzeichnis

BPflV	Bundespflegesatzverordnung
DRG	Diagnosis Related Group
KHEntG	Gesetz über die Entgelte für voll- und teilstationäre Krankenhausleistungen
KHG	Krankenhausfinanzierungsgesetz
KHGG NRW	Krankenhausgestaltungsgesetzes des Landes Nordrhein-Westfalen
PauschKHFVO	Verordnung über die pauschale Krankenhausförderung

1 Einleitung

Der Gesundheitssektor in Deutschland ist in den letzten Jahren einem stetigen Wandel unterworfen. Als Beispiel sei hier die Einführung der Diagnosis Related Group (DRG) im Jahr 2003 oder auch die Einführung des Gesundheitsfonds Anfang des Jahres 2009 aufgeführt. Ohne Frage ist von diesem Umbruch auch der Krankenhausmarkt, der 2005 immerhin einen Anteil am Gesundheitsmarkt von 25,9 Prozent ausmachte, betroffen.[1] Gerade im Bereich der Krankenhausfinanzierung ist Handlungsbedarf gefragt.

Der Investitionsstau in den deutschen Krankenhäusern nimmt immer größere Ausmaße an. Er wird von Experten derzeit auf 25 bis 50 Milliarden Euro geschätzt.[2] Die Mittel, die durch die öffentliche Hand zur Verfügung gestellt werden, sinken hingegen. In den letzten 15 Jahren ist ein deutlicher Rückgang bei den Fördermitteln nach dem Krankenhausfinanzierungsgesetz (KHG) zu verzeichnen. Real sanken die Fördermittel seit 1991 um insgesamt 44,34 Prozent auf 2.722,06 Millionen Euro im Jahr 2006.[3] Im Gegensatz hierzu steigen die Aufwendungen für neue Planbetten immer weiter an. So kostete im Jahr 1972 ein Planbett rund 55.000 Euro, heutzutage muss man hierfür schon 190.000 Euro aufwenden.[4] Diese Fakten werfen die Frage auf, ob das heutige Finanzierungssystem der Dualistik noch bestehen kann oder ob es hierfür alternative Wege gibt.

Im Folgenden wird ausgehend von der Darstellung der Grundzüge der dualistischen Krankenhausfinanzierung und den damit verbundenen Problemen in Kapitel 1, in Kapitel 2 auf die Krankenhausfinanzierung in Nordrhein-Westfalen näher eingegangen. Seit der Einführung des Krankenhausgestaltungsgesetzes (KHG) hat sich dort einiges grundlegend geändert. Den Abschluss bildet ein Fazit der dargestellten Sachverhalte.

---

[1] Vgl. Augurzky/ Schmidt/ Schwierz (2008), S. 210.
[2] Vgl. Oberender/ Hacker/ Schommer (2002), S. 130.
[3] Vgl. Karmann (2007), S. 1035.
[4] Vgl. Schmitz (2004), S. 192.

2 Das Konzept der dualen Finanzierung im Krankenhaus

Im deutschen Krankenhauswesen ist das Konzept der dualen Finanzierung in § 4 KHG verankert. Hiernach werden die Krankenhäuser wirtschaftlich gesichert, indem einerseits ihre Investitionskosten durch öffentliche Förderung übernommen werden und anderseits indem sie leistungsgerechte Erlöse aus den Pflegesätzen sowie Vergütungen für vor- und nachstationäre Behandlung und für ambulantes Operieren erhalten. Somit übernehmen die Bundesländer die Investitionskosten und die Benutzer des Krankenhauses bzw. ihre Krankenkassen die laufenden Ausgaben (Betriebskosten).[5] Im Folgenden wird auf dieses zweigeteilte System eingegangen und zuerst die Investitionsfinanzierung und später die Betriebskostenfinanzierung dargestellt. Abschließend wird das duale System kritisch gewürdigt.

2.1 Die Investitionskostenfinanzierung

2.1.1 Grundlegendes zu den Investitionskosten

Zu den Investitionskosten eines Krankenhauses zählen nach § 2 Nr. 2 KHG die Errichtungskosten, wie Umbau, Neubau oder Erweiterungsbau eines Krankenhauses sowie die Kosten der Anschaffung der zum Krankenhaus gehörenden Wirtschaftsgüter und die Kosten der Wiederbeschaffung der zum Krankenhaus gehörenden Anlagegüter. Nicht hinzu zählen jedoch die Kosten des Grundstückes und die damit verbundenen Kosten (Erwerb, Erschließung und Finanzierung) sowie die Kosten der Verbrauchsgüter.

Die Investitionskosten in deutschen Krankenhäusern werden durch die jeweiligen Bundesländer getragen. Diese haben die Pflicht, nach § 6 Abs. 1 KHG Krankenhausbedarfspläne aufzustellen und daraus ein Investitionsprogramm zu entwickeln.[6] In den Krankenhausplan werden die bedarfsnotwendigen Krankenhäuser aufgenommen.[7] Bei der Durchführung der

---

[5] Vgl. Fleßa (2007), S. 107.
[6] Vgl. Schmitz (2000), S. 13.
[7] Vgl. Neubauer (2003), S. 73.

Krankenhauspläne sind neben der Krankenhausgesellschaft auch der Spitzenverband Bund der Krankenkassen sowie das einzelne Krankenhaus einzubinden.[8] Ein Krankenhaus wird nur dann gefördert, wenn es in den Krankenausplan bzw. bei Investitionen in das Investitionsprogramm aufgenommen wurde, wobei nach § 8 Abs. 1 KHG kein Anspruch auf die Aufnahme besteht. Krankenhäuser, die in den Krankenhausplan aufgenommen wurden, nennt man Plankrankenhäuser. Diese Plankrankenhäuser genießen folgende Privilegien: Die Krankenkassen müssen mit ihnen Versorgungsverträge abschließen und das Land muss die erforderlichen Investitionen aus Steuermitteln aufbringen.[9]

2.1.2 Die Einzelförderung

Nach § 9 Abs. 1 und 2 KHG werden folgende Einzelmaßnahmen durch Antrag des Krankenhausträgers gefördert (sog. Einzelförderung):

- Investitionskosten für die Errichtung von Krankenhäusern einschließlich der Erstausstattung mit notwendigen Anlagegütern
- Investitionskosten für die Wiederbeschaffung von Anlagegütern mit einer durchschnittlichen Nutzungsdauer von mehr als drei Jahren
- Fördermittel nach § 9 Abs. 2 KHG, insbesondere für Anlauf und Umstellungskosten bei innerbetrieblichen Änderungen.

All diese Förderungen sind zweckgebunden.

2.1.3 Die Wiederbeschaffungspauschale

Nach § 9 Abs. 3 KHG gibt es auch noch eine Pauschalförderung. Diese erstreckt sich auf Fördermittel zur Wiederbeschaffung kurzfristiger Anlagegüter (mit einer durchschnittlichen Nutzungsdauer von mehr als drei und bis zu fünfzehn Jahren) sowie kleiner baulicher Maßnahmen. Die Fördermittel, die nach § 9 Abs. 3 KHG gewährt werden, sind im Rahmen der Zweckbindung frei verfügbar. Näheres zur Förderung wird durch das jeweils geltende Landesrecht geregelt. Es ist in § 9 Abs. 3 Satz 2 KHG lediglich festgelegt, dass die Pauschalbeträge nicht ausschließlich nach der Zahl der Betten bemessen werden sollen. Als ein Beispiel soll das

---

[8] Vgl. § 7 Abs. 1 KHG.
[9] Vgl. Neubauer (2003), S. 74.

Land Nordrhein-Westfalen herangezogen werden. Vor der Einführung des Krankenhausgestaltungsgesetzes des Landes Nordrhein-Westfalen (KHGG NRW) war hier die Bemessungsgrundlage für die Pauschalförderung die Zahl der Planbetten und die Zahl der Behandlungsplätze.

2.2 Die Betriebskostenfinanzierung

Zu den Betriebskosten zählen einerseits die Personal- und Sachkosten, anderseits die Zinsen der Betriebsmittelkredite.[10] Die Betriebskosten der deutschen Krankenhäuser werden durch die Krankenkassen übernommen, wobei der Anteil der Selbstzahler stetig steigt.

In Deutschland besteht ein Kontrahierungszwang, d.h. dass eine gesetzliche Krankenkasse verpflichtet ist mit einem Krankenhaus, das in den Landeskrankenhausplan aufgenommen wurde, einen Versorgungsauftrag abzuschließen um die Betriebskosten zu finanzieren.[11] Das Krankenhaus verhandelt jährlich mit den Landesverbänden der Krankenkassen über die Art und den Umfang der angebotenen Krankenhausleistungen sowie über die Höhe der krankenhausspezifischen Entgelte.[12]

Die Entgelte zur Finanzierung des laufenden Betriebes gründen auf zwei Gesetzesgrundlagen, auf der einen Seite dem Gesetz über die Entgelte für voll- und teilstationäre Krankenhausleistungen (KHEntG) und auf der anderen Seite der Bundespflegesatzverordnung (BPflV). Im KHEntG wird die Vergütung für die voll- und teilstationären Leistungen der Krankenhäuser durch Fallpauschalen, also DRGs, geregelt.[13] Die BPflV bestimmt die Vergütung der voll- und teilstationären Leistungen der Krankenhäuser bzw. Krankenhausabteilungen nur für psychiatrische Einrichtungen, da diese nicht in das DRG-Vergütungssystem einbezogen sind.[14] In der BPflV wird nach Pflegesätzen abgerechnet.

---

[10] Vgl. Decker/ Decker (2008), S.125.
[11] Vgl. Fleßa (2007), S. 108.
[12] Vgl. Simon (2008), S. 306.
[13] Vgl. Haubrock/ Schär (2007), S. 410.
[14] Vgl. Haubrock/ Schär (2007), S. 414.

2.3 Problematik der dualen Finanzierung

Das derzeitig vorherrschende Prinzip der dualen Finanzierung steht zunehmend in der Kritik. Ein großer Kritikpunkt der dualen Finanzierung ist die Abhängigkeit von der Haushaltslage der Länder. Je nachdem welche Mittel die Bundesländer zur Verfügung haben, fällt die Höhe der Förderung aus. Weiter zu bemängeln ist die Tatsache, dass die duale Finanzierungssituation die Krankenhäuser dazu verleitet, nicht wirtschaftlich zu arbeiten. Grund hierfür ist, dass die Finanzierung unabhängig von der Wirtschaftlichkeit der Krankenhäuser sichergestellt ist. Die Investitionsentscheidungen der Länder werden zum Teil ohne genaue Kenntnisse der Kosten-und Leistungsrechnung getroffen und erscheinen dadurch oft intransparent.[15]

Durch die dualistische Finanzierung kann es zu Wettbewerbsverzerrungen kommen, da öffentlich geförderte Krankenhäuser im Gegensatz zu nicht öffentlich geförderten Krankenhäusern Betriebskostendefizite mit Hilfe der Investitionsfördermittel decken können.[16] Ein weiterer Kritikpunkt ist, dass das Krankenhausmanagement durch die duale Finanzierungsform nahezu keinen Einfluss mehr auf die Investitionsplanung und – steuerung hat, da die Fördermittel für die Investitionen von öffentlicher Hand festgelegt werden. Es werden vor allem für die Einzelförderung aufwendige Antrags- und Kontrollmodalitäten notwendig, die viel Zeit in Anspruch nehmen und dadurch wichtige Entscheidungen verzögern.[17] Gerade aber die Flexibilität und schnelle Reaktion des Krankenhausmanagements ist im dynamischen Krankenhausmarkt unerlässlich.

Ein Ansatz zur Lösung dieser Probleme kann der Übergang in eine Teilmonistik darstellen. Darunter versteht man die Umstellung der Einzelförderung auf eine pauschale Förderung.[18] Mit der Einführung des KHG NRW im Jahr 2007 hat Nordrhein-Westfalen genau diese Umstellung auf die Teilmonistik vollzogen.

---

[15] Vgl. Decker/ Decker (2008), S. 125.
[16] Vgl. Karmann (2007), S. 1036.
[17] Vgl. Augurzky (2007), S. 187.
[18] Vgl. Augurzky (2007), S. 188.

3 Die aktuelle Krankenhausfinanzierung in Nordrhein-Westfalen

Nordrhein-Westfalen hat mit dem KHGG NRW von 2007 die Investitionsförderung der Krankenhäuser auf leistungsbezogene Pauschalen umgestellt.[19] Die Verordnung über die pauschale Krankenhausförderung (PauschKHFVO) ist am 1. Januar 2008 in Kraft getreten.[20] Anstelle des zweigeteilten Systems von Einzelförderung und Wiederbeschaffungspauschale (wie in Kapitel 2.1 erläutert) tritt nun eine Pauschalförderung. Um gefördert zu werden ist auch nach Einführung des KHGG NRW die Aufnahme in den Krankenhausplan Voraussetzung.[21]

3.1 Änderungen in der Finanzierung durch das KHGG NRW

3.1.1 Die Baupauschale

Die Einzelförderung wird durch die sogenannte Baupauschale ersetzt. Nach § 18 Abs.1 KHGG NRW bedeutet dies, dass die Errichtung von Krankenhäusern (Neubau, Umbau, Erweiterungsbau) einschließlich der Erstausstattung mit den für den Krankenhausbetrieb notwendigen Anlagegütern sowie die Wiederbeschaffung von Anlagegütern mit einer durchschnittlichen Nutzungsdauer von mehr als 15 Jahren durch jährliche Pauschalbeträge gefördert wird. Mit der Baupauschale darf das Krankenhaus im Rahmen der Zweckbindung der Fördermittel wirtschaften. Das heißt, dass die Baupauschale nicht wie die vorher geltende Einzelförderung an ein bestimmtes Bauvorhaben geknüpft ist. Vielmehr dürfen nicht verbrauchte Mittel der Baupauschale eines Jahres gespart werden und nach § 21 Abschnitt 4 KHGG NRW in den Folgejahren dem jeweiligen Förderungszweck entsprechend aufgebracht werden. Gemäß § 21 Abs. 5 KHGG NRW ist es den Krankenhäusern auch gestattet, Fördermittel für die Rückzahlung von Krediten zu verwenden, wenn die Kredite für die Fi-

---

[19] Vgl. Winterer (2009), S. 143.
[20] Vgl. Roth (2008), S. 916.
[21] Vgl. §16 KHGG NRW.

nanzierung von Maßnahmen nach § 18 Abs. 1 KHGG NRW aufgenommen wurden.

Alle der derzeit 413 geförderten Krankenhäuser in Nordrhein-Westfalen sollen bis 2011 einen Anspruch auf die Baupauschale haben.[22] Diese Übergangsfrist bis 2011 wurde von der Landesregierung Nordrhein-Westfalens festgelegt, da der volle Betrag der Baupauschale bis 2011 durch vergangene Investitionsentscheidungen verplant ist. Ab dem Jahr 2012 sollen dann 190 Mio. € für die Baupauschale zur Verwendung stehen. Durch eine Kennziffer wird bestimmt, wann ein Krankenhaus die Förderung in Form der Baupauschale gewährt bekommt. Diese Kennziffer setzt die künftig zu erwartende Baupauschale ins Verhältnis zum aktuellen Buchwert der bisher erfolgten Landesförderung von Baumaßnahmen. Die Förderung beginnt dann bei dem Krankenhaus mit der niedrigsten Kennziffer. Durch diese Regelung haben Krankenhäuser, die lange gar keine oder nur niedrige Investitionsmittelzuweisungen bekommen haben, eher eine Chance frühzeitig berücksichtigt zu werden.

3.1.2 Pauschale für die Wiederbeschaffung kurzfristiger Anlagegüter

Der Förderung der Wiederbeschaffung von Anlagegütern mit einer durchschnittlichen Nutzungsdauer von mehr als drei Jahren und bis zu 15 Jahren (kurzfristige Anlagegüter) wird nach dem Inkrafttreten des KHGG NRW nicht wie bisher die Bettenzahl als Berechnungsgrundlage zugrunde gelegt, sondern es wird ebenfalls auf eine leistungsbezogene Pauschale umgestellt. Zusätzlich ist es den Krankenhäusern möglich 30 Prozent der Pauschale für die Wiederbeschaffung von kurzfristigen Anlagegütern für die Aufstockung der Mittel aus der Baupauschale zu nutzen.[23]

3.1.3 Grundlagen der Berechnung der Pauschalen

Jedes Krankenhaus erhält nach § 18 Abs. 1 KHGG, § 1 und § 8 PauschKHFVO jährlich zum 1.Juli eine Baupauschale und jeweils in der Mitte des Quartals eine Pauschale für die Wiederbeschaffung kurzfristiger Anlagegüter (also insgesamt vier im Jahr).

---

[22] Vgl. auch im Weiteren von Eiff/ Miese/ Niehues, S. 1303.
[23] Vgl. § 21 Abs. 9 KHGG NRW.

Die Höhe der Baupauschale und auch der Betrag der Pauschale für die Wiederbeschaffung kurzfristiger Anlagegüter werden an der Krankenhausleistung gemessen. Die tatsächliche Leistung eines Krankenhauses wird durch folgende vier Teilbeträge bestimmt (nach §§ 1 bis 5 PauschKHFVO):[24]

- Fallwertbeträge für die Abrechnung von Fallpauschalen gemäß des Krankenhausentgeltgesetzes (KHEntG), wobei die Bemessungsgrundlage die effektiven Bewertungsrelationen (DRGs) sind.
- Tageswertbeträge für Abrechnungen nach der Bundespflegesatzverordnung. Bemessungsgrundlage sind hierbei die vollstationären und teilstationären Berechnungstage.
- Budgetbeträge für Abrechnungen bestimmter Krankenhausleistungen, hierbei ist die Bemessungsgrundlage die Summe der entsprechenden Entgelte.
- Ausbildungsbeträge, Bemessungsgrundlage sind hier die im Ist des Krankenhausplanes ausgewiesenen Ausbildungsplätze.

Zur Berechnung der Tageswertbeträge werden nach § 3 PauschKHFVO das 1,6-fache der vollstationären und das Einfache der teilstationären Berechnungstage mit einem Tageswert vervielfacht. Dieser Tageswert wird berechnet, indem bei der Baupauschale 1,3 Prozent und bei der Pauschale für kurzfristige Anlagegüter 2 Prozent aller abzurechnenden Leistungen der Krankenhäuser nach der Bundespflegesatzverordnung durch die Summe der Bemessungsgrundlagen aller förderfähigen Krankenhäuser geteilt wird.

Zur Berechnung der Budgetbeträge werden nach § 4 PauschKHFVO für jedes Krankenhaus die Zusatzentgelte und krankenhausindividuell vereinbarten sonstigen Entgelte aus den bestandkräftigen Bescheiden ermittelt und für die Baupauschale 1,63 Prozent sowie für die kurzfristigen Anlagegüter 2,5 Prozent hiervon veranschlagt.

---

[24] Schema nach Roth (2008), S.918-919.

Zur Berechnung der Ausbildungsbeträge wird nach § 5 PauschKHFVO für jeden Ausbildungsplatz, der im Krankenhausplan zum 30. Juni des Vorjahres im Ist festgestellt wurde, eine Pauschale von 64 € für die Baupauschale und 100 € für die Wiederbeschaffung kurzfristiger Anlagegüter gewährt.

Vom Haushaltsansatz für die Baupauschale und vom Haushaltsansatz für die Pauschale für die Wiederbeschaffung kurzfristiger Anlagegüter werden jeweils die ermittelten Tageswert-, Budget- und Ausbildungsbeträge aller förderungsfähigen Krankenhäuser abgezogen und den Krankenhäusern gutgeschrieben. Dies ist dann der bereinigte Haushaltsansatz. Im Anschluss daran wird der Fallwertbetrag ermittelt. Grundlage hierfür ist der Fallwert. Dieser wird berechnet, indem den bereinigten Haushaltsansatz durch die Summe der effektiven Bewertungsrelationen aller förderungsfähigen Krankenhäuser teilt. Es ergibt sich nun ein Betrag in Euro, der als Fallwert für alle förderungsfähigen Krankenhäuser gilt.

Nach der Ermittlung des Fallwertes werden die effektiven Bewertungsrelationen des Krankenhauses mit diesem vervielfacht. Daraus ergibt sich der Fallwertbetrag, der den einzelnen Krankenhäusern gutgeschrieben wird.

Die Summe dieser vier Beträge ergibt die Baupauschale bzw. die Pauschale für kurzfristige Anlagegüter.

Abbildung 1 verdeutlicht die Berechnung der Baupauschale nach dem oben beschriebenen Schema. Analog geht man zur Berechnung der Pauschale für die Wiederbeschaffung kurzfristiger Anlagegüter vor. Beachtet werden muss lediglich, dass für die Wiederbeschaffungspauschale andere Prozentsätze und eine andere Ausbildungspauschale gewährt werden.

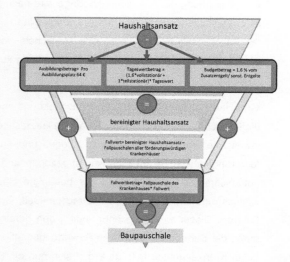

Abbildung 1: Die Berechnung der Baupauschale [25]

3.2 Auswirkungen der Baupauschale auf die Ertragslage des Krankenhauses

Vor der Einführung des KHGG NRW haben Investitionsvorhaben, die ge-fördert wurden weder die Vermögens- und Kapitalstruktur noch die Ertragslage eines Krankenhauses berührt.[26] Dies ergab sich daraus, dass Fördermittelzahlungen für ein Bauvorhaben an den Baufortschritt geknüpft waren.[27] Nach der Inbetriebnahme wurde der Vermögensgegenstand im Anlagevermögen aktiviert. Die Abschreibungen wurden durch das schritt-weise Auflösen der Sonderposten für Fördermittel nach KHG ausgeglichen.[28] Mit Wirksamkeit des KHGG NRW hat sich dieser Sach-verhalt nun grundlegend geändert.

---

[25] Eigene Darstellung.
[26] Vgl. Koch/ Schüller/ Tillmann (2009), S.67.
[27] Vgl. von Eiff/ Miese/ Niehues (2008), S. 1305.
[28] Vgl. von Eiff/ Miese/ Niehues (2008), S. 1306.

3.2.1 Die Abbildung der Baupauschale im Rechnungswesen

Nach § 19 Abs. 2 KHGG NRW besteht ein Rechtsanspruch auf Förderung erst mit der schriftlichen Bewilligung der Fördermittel. Über die Bewilligung wird jährlich beraten. Die Förderung kann abhängig von den zur Verfügung stehenden Mitteln des Landes und den Bemessungsgrundlagen für die Baupauschale jährlich in der Höhe variieren.[29] Das bedeutet, dass die Gesamtfinanzierung eines Investitionsprojekts durch die Baupauschale nicht mehr lückenlos abgebildet werden kann.[30] Es kann mehrere Jahre dauern bis die finanziellen Mittel aus der Baupauschale für ein geplantes Investitionsprojekt ausreichen. Nach einschlägigen handelsrechtlichen Vorschriften ist es nicht mehr möglich, die Gesamtfinanzierung der Investition aus der Baupauschale zum Zeitpunkt des Beginns der Investition im Rechnungswesen des Krankenhauses abzubilden.[31]

Wie in Kapitel 3.1 dargestellt, ist es den Krankenhäusern gestattet, nach § 21 Abs. 5 KHGG NRW Fördermittel für die Rückzahlung von Krediten zu verwenden. Das bietet den Krankenhäusern die Möglichkeit Investitionsvorhaben durch einen Kredit zu finanzieren, der mit den Fördermitteln der Baupauschale bedient wird. Das Land Nordrhein-Westfalen erhofft sich durch die Gewährung dieser Möglichkeit den Investitionsstau in den Krankenhäusern abzubauen. Als Kritikpunkt an dieser Idee ist hierbei anzumerken, dass ein Teil der Baupauschale durch die Zinsaufwendungen verloren geht.[32]

Im Folgenden werden zwei Alternativen betrachtet. Einmal die Verwendung der Baupauschale als Ersatz für die eingesetzten Eigenmittel und einmal die Verwendung der Baupauschale zur Tilgung eines Darlehens. Es wird angenommen, dass die jährliche Baupauschale 650 Tausend Euro und die jährlichen Abschreibungen 500 Tausend Euro betragen.

[29] Vgl. Koch/ Schüller/ Tillmann (2009), S. 66.
[30] Vgl. von Eiff/ Miese/ Niehues (2008), S. 1306.
[31] Vgl. Koch/ Schüller/ Tillmann (2009), S. 64.
[32] Vgl. Koch/ Schüller/ Tillmann (2009), S. 67.

3.2.2 Eigenmittelfinanzierung

In Tabelle 1 werden die Mittel der Baupauschale in einen Sonderposten eingestellt. Im Jahr 8 werden lediglich 450 Tausend Euro der Baupauschale in den Sonderposten eingestellt, die restlichen 200 Tausend Euro werden den Verbindlichkeiten zugeführt. Der Grund hierfür ist, dass die Baupauschale nach 7,7 Jahren die Anschaffungskosten erreicht hat. Deshalb werden in den Jahren 9 und 10 die Mittel der Baupauschale in Höhe von jeweils 650 Tausend Euro den Verbindlichkeiten zugeführt. Die Höhe der Auflösung des Sonderpostens entspricht der Höhe der Abschreibungen in Höhe von 500 Tausend Euro. Hierdurch werden Umfinanzierungen vermieden und deshalb wird in jedem Jahr ein neutrales Jahresergebnis ausgewiesen.

Jahr	Zuführung zu Sonderposten	Zuführung zu Verbindlichkeiten	Abschreibung	Ertrag aus Auflösung Sonderposten	Jahresergebnis
1	650	0	500	500	0
2	650	0	500	500	0
3	650	0	500	500	0
4	650	0	500	500	0
5	650	0	500	500	0
6	650	0	500	500	0
7	650	0	500	500	0
8	450	200	500	500	0
9	0	650	500	500	0
10	0	650	500	500	0
SUMME	5000	1500	5000	5000	0

Tabelle 1: Baupauschale zur Eigenmittelfinanzierung (Alle Angaben in Tausend Euro)[33]

3.2.3 Darlehensfinanzierung

In diesem Fallbeispiel wird die Investition durch ein Darlehen finanziert. Die Baupauschale wird dazu verwendet, den Kredit zu bedienen. Es wird von einem Zinssatz von 5 Prozent ausgegangen.

In Tabelle 2 wird von der Baupauschale in Höhe von 650 Tausend Euro jährlich zuerst der Zins bezahlt. Mit dem verbleibenden Betrag wird das

---

[33] Darstellung in Anlehnung an: Koch/ Schüller/ Tillmann (2008), S. 69.

Darlehen getilgt. Die Darlehenstilgung wird in den Sonderposten eingestellt. Die Auflösung dieses Sonderpostens erfolgt in der Höhe der
Abschreibungen der Investition. In Jahr 10 übersteigen die Mittel der Baupauschale den Zinsaufwand und die Darlehenstilgung, deshalb können 31
Tausend Euro den Verbindlichkeiten zugeführt werden. Da in den ersten
Jahren die Tilgungen kleiner sind als die Abschreibungen, ergeben sich
negative Jahresergebnisse in Höhe der Differenz zwischen Abschreibungen und Tilgungsbetrag.[34] Diese werden ausgeglichen, wenn die Tilgungen größer als die Abschreibungen sind. Die Höhe der konkreten Er-
gebnisse hängt von der Laufzeit des Darlehens und der Höhe der
Abschreibungen ab.

Jahr	Zinsaufwand	Darlehens-tilgung	Zufügung zu Verbindlich-keiten	Abschrei-bung	Ertrag aus Auf-lösung Sonderposten	Jahreser-gebnis
1	250	400	0	500	400	-100
2	230	420	0	500	420	-80
3	209	441	0	500	441	-59
4	187	463	0	500	463	-37
5	164	486	0	500	486	-14
6	139	511	0	500	511	11
7	114	536	0	500	536	36
8	87	563	0	500	563	63
9	59	591	0	500	591	91
10	30	589	31	500	589	89
SUMME	1469	5000	31	5000	5000	0

Tabelle 2: Baupauschale zur Darlehensfinanzierung (Alle Angaben in Tausend Euro)[35]

3.3 Kritische Würdigung der Baupauschale

Die Baupauschale hat einige positive Aspekte vorzuweisen. Zum einen
genießt das Krankenhausmanagement mehr unternehmerische Freiheit
und hat mehr Spielraum für eigene Entscheidungen.[36] Die bisherigen Anreize, Bettenkapazitäten beizubehalten, um eine höhere Förderung zu
bekommen, wurden mit der Baupauschale weitestgehend aus der Welt

---

[34] Vgl. Koch/ Schüller/ Tillmann (2008), S. 68.
[35] Darstellung in Anlehnung an: Koch/ Schüller/ Tillmann (2008), S. 69.
[36] Vgl. Augurzky (2007), S. 188.

geschaffen.[37] Somit ergeben sich Anreize wirtschaftlich effizient zu handeln und dies birgt wiederum die Chance, dass der Wettbewerb zwischen
den Krankenhäusern belebt wird. Die Berechnung der Baupauschale ist
transparent und durch die Baupauschale entfällt die langwierige Prozedur
des Antrages der Einzelförderung. Dadurch werden nicht nur die Krankenhäuser sondern auch die Behörden stark entlastet. Bisher mussten
Verwendungsnachweise über den Einsatz der Einzelförderung von den
Krankenhäusern gegeben werden, diese Nachweise wurden zuerst durch
die Landesbehörde geprüft und abschießend noch einmal durch eine Auf-
sichtsbehörde. Dieser langwierige Vorgang entfällt nun zwar mit der
Baupauschale, allerdings müssen die Krankenhäuser, die die Baupauschale gewährt bekommen, nach § 18 Abs. 1 KHG NRW stattdessen nun
am Ende eines jeden Jahres durch einen Wirtschaftsprüfer ein Testat über
die ordnungsgemäße Verwendung der Fördermittel erstellen lassen. Diese
Pflicht ist mit erheblichen Zusatzkosten für die Krankenhäuser verbun-
den.[38] Ein weiterer Nachteil der Baupauschale ist in der beispielhaften
Rechnung der Darlehnsfinanzierung in Abschnitt 3.2.3 zu sehen. Die Baupauschale nimmt in diesem Fall einen nicht unerheblichen Einfluss auf den
Jahresabschluss des Krankenhauses. Dies stellt insbesondere dann ein
Risiko für das Krankenhaus dar, wenn es zu Jahresfehlbeträgen kommt.[39]
Durch diese Fehlbeträge weist das Krankenhaus eine schlechtere Bilanz
aus und wird dann auch in den Ratings der Banken schlechter eingestuft.
Dadurch ist es für das Krankenhaus mit erheblichen Schwierigkeiten ver-
bunden, einen Kredit gewährt zu bekommen.

4 Fazit

Diese Seminararbeit hat dem Leser die gegenwärtige dualistische Kran-
kenhausfinanzierung in Deutschland näher gebracht. Es wurden die
Kritikpunkte der Dualistik herausgearbeitet und darauf aufbauend das
Prinzip der leistungsbezogenen Pauschalförderung in Nordrhein-

[37] Vgl. Roth (2008), S. 916.
[38] Vgl. von Eiff/ Miese/ Niehues (2008), S. 1305.
[39] Vgl. von Eiff/ Miese/ Niehues (2008), S. 1306.

Westfalen erläutert. Mit der Umstellung auf leistungsbezogene Pauschalen ist ein erster Schritt in Richtung Monistik, bzw. Teilmonistik unternommen worden. Dieser Übergang von der Dualistik zur Monistik wird wohl in der Zukunft noch stärker vorangetrieben werden, da sich die Krankenhausfinanzierung momentan in einem Umbruch befindet. Somit werden sich in absehbarer Zeit neue Herausforderungen und Handlungsmöglichkeiten für das Krankenhausmanagement ergeben. Eine dieser Herausforderungen wird es sein, sich auf unternehmerisches Handeln umzustellen. Gerade in dieser Phase des Wandels ist die Krankenhaussteuerung, vor allem im Finanzbereich, von enormer Bedeutung. Es werden sich Änderungen und andere Vorgehensweisen für das Rechnungswesen ergeben. Es bleibt abzuwarten, wie das Krankenhausmanagement mit dieser neuen Situation umgeht.

Literaturverzeichnis

Literatur

Augurzky, Boris (2007): Die Krankenhausfinanzierung ist keine heilige Kuh, in: *Krankenhaus Umschau*, Nr. 3, S. 186-188.

Augurzky, Boris/ Schmidt, Christoph M./ Schwierz, Christoph (2008): Die wirtschaftliche Lage der Krankenhäuser 2008 und 2009, in: *das Krankenhaus*, Nr. 3, S. 210-214.

Decker, Franz/ Decker, Albert (2008): *Management in Gesundheits- und Sozialbetrieben – Betriebswirtschaftliche Grundlagen für Führungskräfte und Nachwuchs*, Baden-Baden.

Von Eiff, Wilfried/ Miese, Friederike/ Niehues, Christopher (2008): Pauschale Krankenhausfinanzierung: Weg aus dem Investitionsstau?, in: *das Krankenhaus*, Nr. 12, S. 1303-1308.

Fleßa, Steffen (2007): *Grundzüge der Krankenhausbetriebslehre*, München.

Haubrock, Manfred/ Schär, Walter (2007): *Betriebswirtschaft und Management im Krankenhaus*, 4. Auflage, Bern.

Karmann, Alexander (2007): Kapital ist genug vorhanden, in: *Krankenhaus Umschau*, Nr.11, S.1035-1038.

Koch, H.J., Schüller, L.; Tillmann, A. (2008): Die neue Baupauschale in NRW, in: *f & w*, 25. Jg., Nr. 1, S. 66-70.

Koch, H.J., Schüller, L.; Tillmann, A. (2009): Die Baupauschale in Nordrhein-Westfalen, in: *f & w*, 26. Jg., Nr. 1, S. 60-66.

Neubauer, Günter (2003): Zur Zukunft der dualen Finanzierung unter Wettbewerbsbedingungen, in: Arnold, Michael/ Klauber, Jürgen/ Schellschmidt, Henner (Hrsg.): *Krankenhaus-Report 2002*, Stuttgart, S.71-91.

Oberender, P./ Hacker, J./ Schommer, R. (2002): Krankenhäuser und Kapitalmarkt, in: *f & w*, 23. Jg., Nr. 2, S. 130-132.

Roth, Thomas (2008): Leistungsorientierte Krankenhausförderung in Nordrhein-Westfalen nach dem neuen Krankenhausgestaltungsgesetz, in: *das Krankenhaus*, Nr. 9, S. 916-923.

Schmitz, Harald (2000): *Der Krankenhausbetriebsvergleich als Instrument der internen und externen Koordination*, Lohmar/Köln.

Schmitz, Ralf-Michael (2004): Aus eigener Kraft, in: *Krankenhaus Umschau*, Nr. 3, S. 192-195.

Simon, Michael (2008): *Das Gesundheitssystem in Deutschland- Eine Einführung in Struktur und Vorgehensweise*, 2. Auflage, Bern.

Winterer, Arndt (2009): Neue Wege der Krankenhausfinanzierung - leistungsbezogene Investitionsförderung in NRW, in: Klauber, Jürgen/ Robra, Bernt-Peter/ Schellschmidt, Henner (Hrsg.): *Krankenhaus-Report 2008/2009*, Stuttgart, S. 143-154.

Gesetze und Verordnungen

Gesetz über die Entgelte für voll- und teilstationäre Krankenhausleistungen (Krankenhausentgeltgesetz - KHEntgG) vom 23.04.2002, zuletzt geändert durch Artikel 2 des Gesetzes vom 17. März 2009 (BGBl. I S. 534).

Gesetz zur wirtschaftlichen Sicherung der Krankenhäuser und zur Regelung der Krankenhauspflegesätze (Krankenhausfinanzierungsgesetz - KHG) vom 29.06.1972, in der Fassung der Bekanntmachung vom 10. April 1991 (BGBl. I S. 886), zuletzt geändert durch Artikel 18 des Gesetzes vom 26. März 2007 (BGBl. I S. 378).

Krankenhausgestaltungsgesetz des Landes Nordrhein-Westfalen (KHGG NRW) vom 11.12.2007.

Verordnung über die pauschale Krankenhausförderung (PauschKHFVO) vom 18.03.2008.

Verordnung zur Regelung der Krankenhauspflegesätze (Bundespflege-satzverordnung – BPflV) vom 26.09.1994, zuletzt geändert durch Artikel 24 des Gesetzes vom 20. April 2007 (BGBl. I S. 554).

Lightning Source UK Ltd.
Milton Keynes UK
UKHW010802200721
387465UK00003B/823